El deseo de Cupido

-Antología de poesías-

Recopilación:
Ediciones Afrodita

Copyright © 2023 Ediciones Afrodita
Todos los derechos reservados
Ilustración de portada: Alem Cokse en Pixabay

POESÍAS EN ORDEN ALFABÉTICO

Ahora puedo tocarte

Paula Giselle Zorro
-Colombia-

Tiento con mis manos la oscuridad para abrazar tu cuerpo,
tratando de descubrir
con mis yemas
la textura de la desnudez.
Me gusta cuando acaricias mi cara, mi cuerpo,
como si mi piel no fuera ajena.

Tú, quién me hace hermosa al verme.
Tú: que vendrías por mí
por este ser un poquito a punto de romperse.
Entonces, vienes
y llenamos de oro nuestras grietas.
De las grietas nacen ríos
beso tus lágrimas, luego tu boca.
Digo: Amor
y me pregunto
—con fervorosa voz, con desespero—
si esa pobre palabra alcanzará a decirte algo
si en nombre de ella nos llevarán los años
o serán nuestras bocas avivándola con saliva
precisa para escupir o desear.
Pero no me importa.
Yo solo quiero saber, amor:
¿Te habla?
¿Te alcanza?

Amor bendito

Elicia Camajá
-Guatemala-

Bendito amor, que llego en mi vida sin avisar,
me caí rendida en sus brazos...
Bendito amor, que me hace perder la razón solo de pensar
lo bello que es...
Amor, dulce amor, que siempre nos llega a tocar mi corazón,
mi pobre corazón frágil y fácil de enamorar.
Bendito amor que nos hace latir el corazón a mil por horas,
sólo con ver al ser amado.
Bendito amor que nos hace pecar sin compasión,
a su vez nos lleva al paraíso de la felicidad amor bendito...

Amor de sur

Alejandra Hoyos
-México-

No me basta el abecedario
hace falta inventar una nueva
lengua, sugerente
mística, con sonidos que hagan
temblar los labios
para besarte
y dejar que me recorras toda.

Atraviésame América del Sur
anda por todos mis caminos
bicicleta de anhelos
e inventa palabras para tatuar
mi cuello
hasta llegar al desborde
y qué quede una sola América
más allá de fronteras y aduanas.

Corazón que late en un orgasmo
de tinta y mensajes de audio
aliento de sueños que se materializan
un amor de pozo, de raíz y de vuelo
olores que se enredan desafiando distancia.

Historia que se anuda de fonemas y símbolos
que se vuelven caricia, calor de cuerpos tejidos
en la poesía.

Amor entre las coplas

Mónica Ele
-Guatemala-

Dejé que su solo nombre
se apoderará de nosotros dos
de ese deseo que saltaba por mi boca
y que hacía de mi vientre
el más fiel de sus prisioneros
con tan solo oír su voz.

Y mis venas... ahí reventadas
con la primera luz del sol
tan saciada de su boca
que ya ni el mar me provoca
después de aquella noche de amor.

Por ello, lo traigo enredado en el cabello
arraigado a la huella de mis dedos
y en cada letra de mis versos
como una gota de agua
en completa perpetuidad.

Y me pregusto,
¿de qué está hecho el inconsciente?
que no se atreve a verme de frente
que me arrastraba sin misericordia
y me hace parte de su historia.

Sí, dejé que sus pies me mostraran el camino
saltando entre las piedras
y con las ganas destilando gotas de vino.
Pero de nada sirvió el esfuerzo
porque era otro mi destino.

Y aunque lloren tanto los lirios
seguiré viviendo dentro de sus besos
desde cualquier esquina

en medio de la luz y la sombra
y con el triste canto de la alondra.

Mas, así soy inmensamente feliz
porque con maleta en mano
puedo cruzar el cielo
navegando en un buque alado
mientras pueda imaginarlo a mi lado.

Y así entiendo el amor
recorriendo mis venas a punta de penas
porque a pesar de todo
lo siento dentro mío
como un ardiente fogón.

Así es mi pequeño mundo de amor
sin puntos y aparte que me cambien de renglón
y no es obsesión
es quizá el mejor de los vicios
es ese, que me ahoga en la tentación.

EL que deja al paso de mi sombra
una romántica copla de amor
que seguramente no cambiará el mundo
pero sí lo vestirá de tornasol.

Amor secreto
Yaritza Rodríguez
-Venezuela/Argentina-

Necesito decirte que te siento y te vivo,
en cada melodía, en cada poema de amor.

Corazón dividido en dos amores: mi almohada compartida,
con mi amor sereno y protector, mientras soñaba con tus besos
en una entrega apasionada fundiéndome en ti.

Necesito decirte como quisiera fuese realidad
aunque de tanto soñarlo se ha impregnado tu aroma en mi piel,
se han tatuado tus besos con fervor a mis labios enrojecidos.

Le pido a la luna o a una estrella fugaz,
te cuenten con el fulgor de su luz
el secreto de mi amor por ti.

Necesito decirte que cuando te pienso,
tu aliento se desliza en mí como cosquillas tibias.

Necesito decirte que aquella mañana que nos cruzamos
en aquella calle solitaria
fui cobarde al escapar luego de una lucha tenaz con todo mi ser
y no sucumbir ante el deseo ferviente de entregarme a ti.

Necesito decirte una vez más: ¡te amo, te amo, te amo!

Amor sin recibo

Orlando V. Bedoya Pineda
-Perú-

Ahora que eres pronto mundo;
y yo, bota perdida en las horas de la noche
te rezo y adoro a soplo santo
temeroso y cautivo de tus ojos
a veces como parque o mano levantada;
otras, como espera y saludo.
Hoy que el pasado es cicatriz
ombligo que no promete vida
no quisiera el sol ni su emblema como cepillo,
ni la amistad con sombra que es pasto muerto.
Ayer que sólo fuiste guijarro en mano:
abandono donde la queja es absurda
amo la incoherencia de tu presencia y sus sentidos
del fuego y el rayo herido en el tiempo perdido.
Ahora no hay más que un corazón roturado
y terca luna para que no se alejen los suspiros.

Una tarde fui árbol y abrigo de años para el amor,
niñez donde abrí el pecho como casa en fiesta.
Una tarde lloví hasta perder el nombre entre laureles
en la falta de coraje al no decirte que te amo.
Una tarde donde fuiste beso en ventana y adiós
corrí detrás de ti arrastrando el sol hasta ser noche.
Esa tarde hoy naufraga conmigo en abismos.
Esa tarde ahora es solitaria y se resiste a morir.
¡Cuánta juventud cultivé en páramos viejos!
¡Cuánta agua traté de devolver al mar!
Esa tarde no reconoce otro rostro que no sea el tuyo como faro.
Esa tarde me traiciona y esconde el fuego de la vida cantora.
Amor mío, no vendrás ¿verdad?, también soy olvido;
sin recibo, ¿acaso no hay cura para esta lejanía?

Se brinda la mano al pasado
a los años que se trenzan como collares

volcando los ojos hacia los relojes sucios
hacia los juegos que valor hoy pierden
y como siglos atrás cargo versos y pájaros
que son ahora aguacero sobre la tarde
puente ruinoso que canta ecos oxidados
salvación de años en la cocina familiar
y qué agua quise: tu boca para caer
ser semilla y afrenta que condena
odio de inmensa libertad como pago
que de tu ventana no seré sol
años fraternos como zapatos oscuros
ninguna música es alivio ahora
que de infancia a parto nada cambia
que de tus manos no conjurarás alivio
sin fiesta o tatuaje / sin hadas y besos
sin calle o río que susurren verdad
el fuego se hincha con viento al igual que el agua
sin pulseras y collares / te amo.

Analú

James Philliphe Morán
-Costa Rica-

En los dormitares inconclusos víctimas del insomnio,
quise encontrar a Analú en la noche adormecida por las tinieblas.
Tan solo la tenía en las postreras cartas haciéndome el amor con
las palabras.
Aún en ausencia de luceros en la magnitud de las constelaciones,
el aureola del amor siendo lumbre me llevó al río.
Extraviada navegante naufragaba en la tempestad de los rocíos
llorados por los lirios,
mientras hacían olas sus caderas.
En el navío de los ¿Porqués?
quise viajar en su saliva de almíbar.
Ascender por la vertiginosa caída de esa ribera ninfómana que
me lacera.
Beberle presuroso
antes que su cristalinidad sea sueño mojado en mi océano.
En el yate de papel extraviado de algún niño
llegar al calabozo de lo ignoto.
Abofetear con la proa
los follajes que gozan senos y pubis
alcoholizados de pudor perverso.
Escucharle tararear melodías de mil arrullos
al correr por la montaña enjuagando los paisajes con orgasmos.
Postrarme ante el olvido suplicando su invasión es en vano...
cual pedir segundos retro al siglo ido.
Al llegar a la mar no perecerá,
se fundirá en la inmensidad de éste,
en ciclo incesante de precipitación.
Más aún, la extrañaré en la incineración de los infiernos.
En mi lírica percepción insurrecta la visiono
en el afluente al retumbar
los ecos de sus cantos callados.
¡Cuán intensa locura de juglar!
Personificar la feminidad ausente
en el caudal de mis descorduras.

Al ser mi metáfora fluvial Analú,
conservo el derecho de perforar la balsa del romance,
para saciar mi sed platónica.
Diluir entonces bizarro mi sangre en la erosión de las rocas,
para teñir de carmesí
el lagrimal de mis nostalgias.

Ansias

Ebher Castillo Cadillo
-Perú-

¡Qué ansias de mirarte!
de contemplar tu sonrisa
bajo una noche de nevada intensa
vuelvo a este sueño de tenerte en mis jardines
de despertar con tu susurro cada amanecer
imagino la brisa del mar jugando con tu cabellera
despidiendo el aroma a jazmines
tu vestido rosa acaramelada flamea inquieta
ante la atenta mirada de aves que pregonan tu vital hermosura
las olas me detallan la forma de tus labios
tus ojos revelan la belleza del color de los lagos
y de las mariposas revoloteando por los aires
frente a tus ojos y tu piel canela
dibujo la plácida isla para nosotros dos
te propongo enamorar la pradera con tus caricias
abandonar nuestros lugares comunes
y disfrutar de nuestra dulce sinfonía de labios.

Armoniosa compañía

Ninoska Carolina Guzmán Ortiz
-Perú-

Recorremos este sendero
desde nuestra niñez,
tiempo de inocentes juegos
y manantial de calidez.
Mis cristales brillaron más
mientras danzaban las estaciones,
palpitaciones rítmicas
amenazaban con quebrar mis sentidos.
Decidí pecar de Romeo
y sólo contigo,
mi volcán erupcionó
con tus sutiles acercamientos.
Recorremos este sendero,
ahora nuestro presente
tiempo de complicidad de almas
y mar de calidez.
Mis cristales brillan más
y tus rubíes lucen resplandecientes,
palpitaciones al ritmo de notas dulces
se entrelazan encandilando cada sentido.
Acordamos pecar cual Romeo y Julieta
siendo el sol y la luna testigos,
mientras el cosmos exista
de nuestro fuego insaciable.
Recorreremos este sendero
por eterna longevidad,
con corazones cautivos
y amor inmortal.

Atardecer en la bahía

Rocío Prieto Valdivia
-México-

Para Waldemar

Te buscaré cada atardecer en las miradas de los transeúntes.
En las sonrisas fugitivas. Los refrescos aperlados.
En las palabras que brotan de los árboles caídos.
La celulosa, trazos de alegría.

Te encontré en un pedazo de polaroid
soñando en nosotros, en aquellos días.

En el minuto en que quedé muda,
y tu imagen se desvanece
al finalizar el día.

Será que sólo fuimos un par de trotamundos.
Siluetas bajo la luna. ¿No lo sé?
Si nos encontramos por las historias
de todos los libros.
O si hoy al cerrar los ojos
has aparecido apenas
por unos segundos.

Bóveda celeste

Alejandra Chombo
-México-

La noche es magia cuando te empeñas
en recorrer el camino de tiza
que tracé de tu boca a mi cuello;
lo diseñé para no olvidarlo,
para que me busques cada vez que te pierdes,
lo diseñé
porque de repente y casi sin darme cuenta
el enorme reloj
que llevo colgado del cuello
comenzó a implorarlo:
me hacías falta.
Lo diseñé para encontrarte.

Reconozco que de mis ojos
ha de brotar agua salada
cada vez
que no estás cerca,
que me pierdo en el abismo
de ese par de estrellas
que llevas puestas
en aquellas ocasiones
en las que decide alborotar mi cabeza
tu espíritu animal
con su celestial revoloteo.
Yo creo que eres eso:
un ave que fluye en lo alto del cielo
y que en su libre vuelo
(con algo de suerte)
permite admirar su plumaje.

¡Qué sencillo es mirarte y amarte, paloma querida!
Por favor
permite que sea siempre yo

aquella que imprima caligrafía en tus labios,
la que te saque a bailar un bolero a mitad de la lluvia,
la que vea morir al sol y el nacer de la luna
sujeta a tu mano;
deja que me acurruque en algún rincón de tu corazón.

Permite que sea siempre yo.

Carta de amor...

Itzel Citlalli Silva Salgado
-México-

Te siento en la piel, te respiro,
humedeces mis litorales de norte a sur,
¡Te deseo!
Mi boca perdida en tu sabor, inicuo,
tormentas de noches sin sueño.
Mis dedos se deslizan sobre mi pequeño cuerpo, tembloroso,
te pienso, te imagino,
te siento,
abrazo tu recuerdo, tu lengua la reproduzco con mis dedos sobre
mis cansados pechos
que dan vida, que dan leche, leche de mar, de sol, de azúcar.
Imito tus movimientos lascivos, entras y sales despacio,
sobre mi espacio te respiro,
deambulo en tus recuerdos, imito tus sonidos,
bebo un sorbo de tus aromas
te recuerdo,
mis sueños cabalgan en tus formas, inicuas, tormentas de noches
sin sueño.
Me adentro en tus deseos, mieles de mar y sales de otoño.
Se congela el corazón y los sentimientos se pierden
en las cartas de amor, escritas y no enviadas.
Te busco,
me recorro, me exploro, explotan mis deseos y termino
en un insaciable mar de orgasmos,
te pienso, te siento, te recuerdo, te busco.
Sólo eso... Te busco en mí, para sentirme en ti...

Catarsis
Karla Macías
(Alefilos)
-México-

Manos gélidas que insurrectas terminan entrelazadas
insólita explosión de sensaciones desbordadas,
inusitado descubrimiento del mismo edén
besos profesados en pausas de suspiros
con chicoleos encendidos al calor de las brasas
alcázar construido con piezas inexorables
con cimientos firmes en voluntad de roble
alícuota al amor aparejado
al raso de muchedumbre huraña
que al recelo no aparta la mirada
imaginando un final de alfeñiques
como quien espera la caída de un pequeño
en los primeros pasos de aprendiz,
cual lobos al acecho del festín.
Corazones que, sin más, se abrazan a la distancia
y al unirse se desbordan de la piel,
almas que no apagan el lucero al amanecer
se vislumbran y reconocen con misteriosa curiosidad
dibujando con cinceles corazones que el tiempo no puede borrar
demiurgo que bendice a los amantes sempiternos
a veces en calma, a veces con vehemente locura
como el mismo océano de marea uniforme
pero que en momentos rompe con tal frenesí
que parece devorar con pasión arrebatada;
vaivenes que en contemplaciones inocentes
se doblega solo para retomar fuerzas,
destinos encontrados que se toman de la mano
y mirando al horizonte se aventuran y se vuelven a lanzar.

Codicia

Gabriela Aldama
-México-

Mirando distraídamente
por la ventana empañada
miro pasar con extrañeza
cinematográficas monjas
con blanquísimas blusas;
caminan tomadas de la mano,
salidas de algún cuento picante
del Decamerón de Bocaccio.

Luego una gata lustrosa
negra como una corchea
llena de gracia aristocrática
acepta los amores
de un perro ocre y despeinado.

En mi cabeza se repite
como otras veces
la escena de un hombre,
pintor vestido de pantalones rojos
y una mujer con un ala negra,
violinista de camino a casa,
siendo invitada con dulzura
al taller, al lienzo, al lecho.
Quizá así fueron Picasso, o Rembrand
pescadores de sirenas citadinas.

Hay días que parece
que las puertas del infierno se abren
días en que la carne se vuelve fruta
translúcida y caliente
y se deja cojer
insensata e ingenua
como flor de la banqueta.

Pensando en ello
distraídamente
mirando la calle gris
como en una alucinación,
mi corazón comienza a latir
con la precisión de un metrónomo
y descubro de manera violenta
que te deseo
que bebería hasta desbordarme
la mirada de tus cuencas;
mi alma es un regalo
sin nudo ni domicilio fijo,
hormiga golosa que marcaría
con diligencia
con laboriosidad abeja,
la miel de tu silueta.

Ahora mi belleza
cuelga solitaria
de alguna pared.

Confesión

Ursula A. N. Podestá Sánchez.
-Perú-

I

Te quiero y me entrego a la sal
al mar y sus venas que destripan a los espermas.
Ya no más el pellejo de la flor con sus grafías.
La nostalgia cojea, como en tiempos de guerra
ciudad/humo, introducen sus ojos a mis ojos enamorados.

II

Aprendo a quererte
como suave gota que llena un pozo, en el silencio
a necesitar de tus pasos
mientras te hilvano entre los aromas
y te consuelo entre la bulla de mis querencias.
También he vuelto a encontrarme con la tristeza
con el zumbido de años y mercados
y sus golpes que machucan la cabeza contra muros soberbios.
He visto dentro de los espejos la angustia,
pero prefiero escuchar tu lenguaje
tu latido junto a mis miedos de mortal.
Entre tinieblas
el ojo de oro que se abre señalando las pétreas rutas
y el nuevo fuego.

III

Y cuando el silencio venga
¿seré yo misma?
y entre edificios arbolados y alambres
entre micrófonos y palmas
¿seré yo misma?
y entre almuerzos cotidianos y charlas
entre lecturas y tu pieza
¿seré yo misma?
y entre la risa distraída y tu llanto
entre el descaro y tus versos

¿seré yo misma?
y cuando los rayos de la luz
canallas develen nuestra angustia
¿seré yo misma?

IV
Ahora que tengo sombra y estoy sobre tu tierra
soy la única que se preocupa por ti.
Te amo, pero ¿qué vale eso para los que tienen carne?
Hay humo, gritos y lágrimas destartalables
se amontona la chatarra de te quieros ante los semáforos
las estaciones caen tísicas sobre la ciudad
la gente contamina el poco espacio con cigarrillos
y aunque me ahogo en este mundo quiero sonreír.
¡Corre! Nos alcanza la niebla y sus palabras
huyamos al aroma primitivo
unámonos al animismo celestial y al mito del agua
al trocito de piel / en la cuna de mar.
Rompe tu reloj y yo dejaré este cuerpo de mujer
¡ya no lo zurzas! Y seré tu boca insolente frente al tiempo.

Cuando nos abrazamos

Emmanuel Santana Guzmán
-México-

Cuando nos abrazamos
el mundo se disuelve por completo
y, mientras dejamos de ser humanos,
mi corazón, repleto
con todo el sentimiento
de amor a flor de piel que por ti tengo,
se transporta hacia mis brazos y manos
y así en un solo ente nos combinamos,
cargados de ansiedad,
pensándonos sin remordimiento
alguno originado
por olvidar al pueblo y su abolengo
creador, con vanidad,
de los protagonistas
del poema que no se dejan de amar.
Cuando te he abrazado
he olvidado a mis penas
que me han contado que, mientras tú existas
por toda una eternidad en mis brazos,
muy lejos van a estar
de la felicidad
que obtengo por tu angelical presencia
digna de honores, digna de verbenas.
Cuando tú te has fundido
conmigo en un abrazo
has pintado los trazos
de tu piel en mi cuerpo, confundido,
que ahora de ti tiene necesidad
en su objetivo de que mi existencia
cruel, dura de afrontar,
sea digna de guardarse en tu regazo.
Cuando nos abrazamos
todo el planeta deja de girar
y, mientras de ser humanos dejamos,

el resto de mi vida
pasar veo en un momento
de ilusión, donde todas las palabras salen
de mi cuerpo, sin arrepentimiento,
y donde todos tus defectos valen
la pena de admirar,
anfitriona del universo entero
que yo busco habitar,
pues cuando nos abrazamos, mi vida,
renazco y para amarte vivir quiero.

De día y de noche

Guillermo Romero
-México-

I

Fresca luz del día,
suspiro a las olas del viento,
delirio enteramente mío.
Vuelves a desatar la vida
con tus ojos tiernos de avellana,
y eres dueña de todo
cuando tu voz suelta y alegre
recorre sin piedad mi alma,
cuando tus manos tibias
palpitan y sonríen en mi corazón ardiente.
Eres mi alivio, amor,
mi esperanza irrevocable,
una rosa bajo la lluvia,
un río diáfano donde los niños juegan,
una plegaria en mi vigilia,
una tempestad de besos.

II

Son las 4:23 p. m. aquí en México
y necesito otra vida, amor,
también otro cuerpo para amarte bien.
Este calor de mis entrañas,
este calcio de mis huesos
ya no me alcanzan;
todo el amor se derrama,
se dispersa en las sombras y en las calles
en que te pienso a solas.

Dulce licor de mis labios,
¿a qué hora se te ocurrió venir?
¿Por qué no me diste más días
para amortiguar el zarpazo de tu amor?
Ya te veo en la agonía de la tarde,

mi sangre hierve y te reclama oscuramente
y es tu piel de durazno lo que quiero.

III
Ya la noche es infinita,
anida en tus labios húmedos,
anhelantes de lunas y de sombras,
de respiraciones furiosas
donde las palabras calcinan
y nos ahogan lentamente.
Te codicio, amor,
y amo la dulzura de tus muslos,
tus brazos libres y risueños.
Déjame amarte como sólo sé amar,
más allá de las épocas y de los hombres,
amarte en caricias lentas y embriagantes,
amarte en besos largos y furtivos.
Cómo no regalarte la creación, amor.
Eres mi orgullo y mi patria,
mi muerte y mi aliento.

De ti

Luis Eduardo Rosero Porras
-Ecuador-

Te digo amor
cuando no lo digo
y dejo caer un beso en tu frente
cuando en total silencio
tomo tu mano,
y el alma mía te lleva del alma...

Digo te amo
cuando sin palabras
te habla mi voz y tus ojos entienden
cuando contigo,
solo un abrazo
y sostengo todo mi universo...

Digo te quiero
cuando menos lo digo
y estoy para ti
cuando más me precisas
cuando no eres más que solamente miedo
y te cuido conmigo y te abrazo la vida...

Te digo amor
aunque no lo diga
y vuelvo a elegirte todas las veces
porque solo contigo
los dos de la mano
y el alma de ti me tiene del alma...

Demanda para
una femme fatale

Carlos Campos Vásquez
-Perú-

Volver a tu cuerpo
seducido por esa incesante barbarie de imperfecciones.

A los pliegues de tu piel donde quedaron exiliados
como luz temeraria
los rastros minuciosos de mi exilio.

Intacto
incierto
inmisericorde.

Diezmados los recuerdos
para que nuestra perplejidad sea júbilo.

Sin buscar los fantasmas fortuitos que te visitaron
y haber apagado los fuegos del horizonte
esos que me punzaron hasta la derrota.

Seremos los mismos cómplices inconclusos
perturbados y lujuriosos.

Que persiguen viejos momentos como el perro a su cola
en una exhalación de desvelos e infortunios.

Desengaño

Nerea Inés Álvarez
-Argentina-

Cuando "la noticia" llegó a mis oídos,
una saeta helada cruzó mi corazón...
En un instante, un temblor frío
recorrió todo mi cuerpo, en cada rincón...

Entonces comprendí qué era un engaño:
falsas caricias se habían ofrecido;
palabras amorosas dichas en vano;
besos que sólo eran compartidos...

La ilusión se había quebrado,
como se rompe una pieza de cristal.
El Amor, tan nuestro, mancillado.
Ya nada volvería a ser igual...

Atrás quedaban promesas e ilusiones...
La confianza se había perdido.
Nuestros proyectos, hechos girones...
La pareja ¡ya no tenía sentido!

Despedida

Ilda Estela Ruiz
-Argentina-

Entre mis escritos que acumulo sin medida
cayó sin querer tu imagen en una vieja fotografía.
Aquella que en un remolino de emociones
la guardé con el último beso de la despedida.

De pronto, estás ahí.
Tan cerca, pero tan remotamente lejos,
mientras la tarde agoniza en gris
distante nuestras almas... nuestros cuerpos...
y mi pensamiento.

Paseo mis dedos ceremoniosos y tibios.
Saltan los recuerdos como embriagados de tiempo.
Mis intensas soledades no los esquivan
y vuelves a mí, sólo por un fugaz momento.

Busco tus ojos, pero no encuentro tu mirada.
El silencio desvanece mis palabras.
Trazo tus gestos a la distancia,
tu figura se aleja, con la misma arrogancia.

Y en ese encuentro casual que hoy tuvimos,
intangible... lejano. Extraño...
dónde la ausencia ya no gime ni hace daño
se van uniendo los bordes de la herida
quedamos en paz, con una historia concluida.

El claroscuro
de tu amor

Priscila Carolina Argañaraz Pavez
-Chile-

Me sangra el corazón,
me parte la piel,
me arde el ser, la sangre, la cabeza,
me fatigo,
me muero,
aún muerta, me sigue destrozando,
me sigo incendiando.
y subí a lo alto del firmamento,
y en lo infinito de la galaxia y sus planetas,
nací, porque yo no existí,
hasta que...
te conocí...
y tu beso me mato de realidad,
nací, para fallecer en el fuego de tus látigos de amor,
tus palabras vibrantes que escuchaba contigo y sin ti...
estremecían mi esencia y mi caótico silenciado interior,
quiero disparar balas de pasión,
para herir tú subconsciente,
para comprobar si así mi recuerdo...
traspasa todos tus multiversos,
¿para qué?
para grabarme...
impregnarme...
en ti... ¿aquí?, ¿ahora?
¡No!
más alla del horizonte conocido,
que Dios, Alá, Buda, el sol... el Ser Divino, el Big Bang, Big
Crunch,
traiga tu amor,
para tomar tu mano,
y llevarte más allá de orión...

1

2

3

Pi

infinito

indefinido...

Debes saber que lo que está escrito en la energía y materia oscura

o si lo quieres

llamar cosmos desconocido,

no se rompe,

no se desase,

quizás sólo se transforma,

pero, así como las estrellas explotan para transformarse en lo

más denso

y fuerte...

Esto... sólo, podría compararse a aquello

porque la gravedad y el amor,

traspasa cualquier espacio cuántico inimaginable,

morí... para renacer...

allá, acá, en el campo eléctrico y magnético de los recovecos

de tu piel y de tu

alma.

El juego de la rosa

Juan Jesús Jiménez
-México-

Hasta ver crecer las raíces.
Hasta ver secar nuestros ojos.
Hasta que broten las flores.
Hasta que se nos acabe la sangre.

Se me hace pesado ver
mis manos salir de cama,
he olvidado quizás, ser
lo que todos esperaban.

Quizá se me perdió.
Quizá nunca existió.

Pero su falta inunda
mis libretas, el techo.
Hay días que cuida
las sombras del eco.

Me falta el aliento, la luz aturde.
No me puedo mover sin destrozar
el suelo al evitar que te salude,
que me hace dar la vuelta y llorar.

Me sobran las razones para morir,
me sobran litros de vida para oír
la mentira al fondo del vaso en quietud.
Lo cierto es: el alcohol no eres tú.

Quizá pienso mucho.
Quizá no te escucho.

Sonidos siendo ondas planas,
sonidos blancos y terrosos;

una especie rara entre el rencor
y el miedo a derrumbar una casa.

Ideas semilleras, ideas del perico,
del gato que se lo come y la ventana
que mientras los mira, los corroe.

Gritos de una mentira fabricada,
la negación imperfecta de cerosos
sueños entre el jardín y el reloj,
libertad que es confinada a una caja.

Ilusiones que la tradición perdió,
rezos desfondados en el fin de semana,
futuro imperfecto que ya no lo es.

Arder en el infierno hasta los huesos.
Aprender un demonio con sus rostros,
mostrar el dolor que mirar a los sueños
trae, saber que todos ellos están rotos.

Flotaremos hacia la nada,
caminaremos en una respiración
incompleta y desangelada,
como para encontrar inspiración.

Veremos en nuestras manos espinas,
en nuestra sangre los rosales
creciendo como los dientes de una risa
diluida por balas y corales.

Jugar hasta quedarse sin nada.
Desaparecer por completo y no morir.
Perseguir una sombra imaginada
por estas ganas de estar en otra parte y no ir.

Hasta ver quemar las raíces.
Hasta ver sacar nuestros ojos.
Hasta que marchiten las flores.
Hasta que nos sobre la sangre.

Eliminar

Karlman ArroBa
-México-

Ayer vi, que borraste todas, y cada una...
de nuestras fotos en redes sociales...
y no sé cómo, pero ni el FBI hubiera borrado mejor,
la idea de que existió, un "tú y yo".

Y aunque este claro el mensaje
sobre todo, para "tus amiguitos"
no me queda del todo bien claro
el cómo recibirlo.

Borraste mi imagen ¿por vergüenza de amarme?,
¿o por dolor a lo perdido?,
pues me desaparecí de tus redes
pero estoy seguro que en tu cuerpo ¡aún existo!

Y no me atormentan las fotos,
recuerdos de viajes, risas y proyectos...
sino las cicatrices de mis caricias
al haber pasado por todo tu cuerpo.

¿Las borraste? Es que no entiendo del todo este cuento
¿Es el inicio del cambio? ¿Eso te dijo el loquero?
Pues ve y pregunta como borrarás los tatuajes
de cada uno de mis besos.

Borraste las fotos
y también los videos,
esos que nos tomábamos el domingo de "flojos"
mientras sonreías los "te quiero".

Que en tu galería ya no existo,
y más de seiscientos archivos de WhatsApp se han eliminado
entre ellas todas las conversaciones
en las que me decías "te amo".

Pero ¿recuerdas?
cuando te quedaste sin habla, con tu mirada en la mía,
ardiente… emocionada,
y mis labios decían por primera vez que te amaba.

Y eso… ¿Lo borraste? ¿Borraste el beso que vino después?
borraste tu sonrisa nerviosa
porque no era suficiente un, "yo también".
¡¿En eso estás?!
¡Pues bien! olvídalo todo, ¡los cobardes lo hacen bien!

Por mi parte… no lo haré,
y no por seguir viendo tu rostro
mucho menos porque como credo,
tus hábitos y reglas adopté.

Simplemente porque fuimos historia
y olvidarla es repetirla sin fin,
así que sin tapujos hoy te grito, que ¡tu olvido!
te dará copias malas de mí.

No te olvido…te adhiero…
y doy gracias por mi nueva versión,
que en cada foto y video se narró
pues los amores son anécdotas que enseñan
hasta que llega la persona correcta,
que las escucha… las ama… y respeta.

Encuentro

Alex Scandiacus
-México-

Estás para atormentar mi condición,
aquella que perdí por creerme.
Si pudiera elogiar,
me quedaría con lo que me dijiste,
con el dolor que salió de tu boca,
el aliento que se perdió,
sobre mis labios fríos.
Bajo el mundo entero.

Te diriges a una parte inaccesible,
donde estuve antes.
Pero no puedo entrar si no voy de tu mano,
debes dejarme, sé que lo merezco.
lo merezco todo,
menos a ti.

Sonido del brillo, pide mi última canción,
sé que no crees que será la última.
No me parece adecuado,
la última siempre será tuya,
al igual que una de mis derrotas,
la más hermosa de todas.

Te puedes alejar corriendo,
y yo no te perseguiré,
porque até mis cadenas a la arena,
y no puedo soltarlas,
pero tu música las mantiene dormidas,
permitiendo que me mueva,
que pueda tocarte.
Temo que solo escuche tu música esta noche.

Me siento mudo, frente a tu mundo.
estoy derrumbándome frente a ti,
dirigiéndome a las estrellas que observan atentas,
provocado por mis memorias,
y mis alientos viejos.

Reconozco esa letra,
es la que escribiste para mí,
y la nota se dirigía a mi alma interna.
Me hubiera encantado robarla,
pero no podría hacerte esto.
A ti no.

Te envuelvo demasiado rápido,
más que un día,
no debería hacerlo.
Tu no lo mereces.
Yo no te merezco.
No como la noche,
pero ella te pertenece.
Así como yo.

Me detengo.

Ensoñación

Mónica Valeria Mansilla
-Argentina-

Baila conmigo
el amor de mi vida
danzo
en sus brazos
mansos
tal cual golondrina.
Mi cuerpo pequeño
parece flotar
mi alma
es un mundo
callado de más.
Me hundo en su cuerpo
intentando grabar
su integridad toda
por la
eternidad.

Espera inesperada, sin olvido

Henz Aparicio
-Perú-

Cuando te busqué, no te encontré
cuando te esperé, no llegaste
no te busqué ni esperé.
Te encontré sin buscarte.
En la oscuridad, eras una estrella
brillante y lejana, destello de Dios
yo escribía de tu luz.

Te perdí en el horizonte, en el ocaso infinito
sin importar si volverías
seguí escribiendo.
Quizá te despediste en silencio
y yo no entendí
no te hablé ni me hablaste
y así dejaste de sonreír
sin saber que era el último día
los versos ni se percataron
y seguí escribiendo.

No sé si pueda quererte un poco
porque olvidarte ya no puedo
o tal vez te olvide, pero mis escritos
no lo harán, eres el alma de ellos
y tomarán vida cuando tus labios
rosa pálido pronuncien estos versos.
Y entonces si te gusta, seguiré escribiendo
y si no dejaré de escribir, estaré muerto, muerto de ti.

Diré que ya te olvidé, y el alma no te olvida
diré que no te pienso, y te sigo pensando,
pues la poesía favorita es para siempre
así no se toquen voces por la noche
no se lea en el amanecer.

Se declama en el alma
las estrofas,
recuerdos
que de versos tuvimos.

Ver tu nombre en el firmamento
las noches que envejece la luna
y como poeta a su musa
quererte, como quiera decir te quiero.

Eternamente

Antonia Victoria Mogollón Fajardo
-España-

Parece una tontería
cuando con catorce años,
miras los ojos de un niño
y despierta un corazón
que no sabía que podía
amar
eternamente,
Es cuando descubres
a Antonio Machado,
porque sus versos se quedan
atrapados en los suspiros
que llevan su nombre.
Te sorprendes buscándolo
en cada letra,
en cada esquina,
en cada cara.
Cada día,
cada año.
Y algo parecido a la felicidad,
te llena el alma
cuando,
tantos años después,
descubres,
que tú has dejado en él
la misma huella.

Eterno
San Valentín

María Rosa Schverdt
-Argentina-

Dedicado a mi amado Luis Adolfo Sosa

Huellas en el tiempo fue dejando nuestro amor
Agitando bendiciones lanzadas por Cupido,
Suspiros que vuelan aún hoy junto a las aves
Tentaciones deliciosas de tu cuerpo junto al mío.
Allí en el cielo la luna; madurando en plena siesta

Quieta y radiante junto al sol fueron testigos,
Uniéndose los dos por un instante en el ocaso
Embriagados del amor que en aquel verano había nacido.

Lujuria a flor de piel entre miradas encontradas
Amor a primera vista, juegos de carnaval,

Momentos irrepetibles entre coqueteos y baldes llenos
Ungidos en el barro de la complicidad.
Enredadas nuestras vidas a partir de aquel instante,
Reescribiendo nuestra historia juntos a la par,
Tejiendo sueños sin distancias con vista hacia el futuro
Estrenando en cuerpo y alma el bello arte de amar.

Nos dejó la adolescencia, nos recibió la juventud
Obsequiándonos confianza, pasión, felicidad,
Sosiego en nuestros brazos, presagio de eternidad

Sumergidos en un cuento en la misma realidad.
El noviazgo terminó; bienaventurados los esposos
Palabras sin pronunciar frente a nuestros ojos;
Augurios de la magia de San Valentín
Regalándonos infinitos momentos hermosos
Enamorados y felices... de principio a fin.

Final feliz

Antonio Pérez Martínez
-México-

Siempre estoy contigo,
aunque intangible,
a tu lado estoy, pues te necesito.
Aunque invisible,
a tu lado me siento
En tus largas jornadas de trabajo.
Aunque en cuerpo
contigo no estoy, te siento
en cada respirar,
en cada pulso,
en cada paso.
Y sé que siempre,
como yo contigo,
como yo en ti,
tú también estás conmigo:
en el aroma de una flor,
en los acordes de una canción,
en la sonrisa de un amigo.

Tú y yo, entonces, siempre estamos
juntos... sin precisamente estarlo,
sin estar físicamente tomados de la mano.
tú en mí y yo en ti:
más que amigos,
más que todo,
más que hermanos.

Porque sé y tú también sabes
que es bueno y placentero estar así:
saber que existes,
saber que existo,
saber que, más tarde, nuestro encuentro
tendrá un final feliz.

Hoy
estás a mi lado

Esther Haro Giacominich
-Uruguay-

Te esperé tanto tiempo,
y hoy estás a mi lado.

No puedo creerlo,
me parece mentira,
después de añorarlo,
hoy estás a mi lado.

No sabía quién sería,
ni lo que sentiría,
a pesar de la espera,
hoy estás a mi lado.

Y compartes tu tiempo,
y compartes tu alma,
me das tu cariño,
tu sinceridad,
tu calma.

El corazón me entregas,
en cada palabra,
y me darás tu amor,
cuando venga el mañana.

Yo te esperaba,
tal cual te presentas,
sin pensar cambiarte,
sin sacarte nada.

Te acepto cuál eres,
con toda mi alma,
con sinceridad,
y mucha confianza.

Y espero seas fiel,
a cada palabra,
que me prometiste,
con tanta pujanza.

Tú eres el hombre,
que yo esperaba,
yo soy la mujer,
que tú añorabas.

Vivamos nosotros,
un mejor mañana,
donde cada momento,
sea un infinito de,
amor, pasión,
corazón y alma.

hoy estás a mi lado,
y no importa más nada.

Incendio
de emociones

Vitalino Fidel Flores Pérez
-Guatemala-

El gorjeo del jilguero produce manantiales excelsos
que recorren en las cabelleras selváticas bañadas de rocío
y liberan de los amarres de vejucos milenarios
el canto que se quedó atravesado en mi garganta.

La mirada de la mañana se congeló en la separación,
mi alma solitaria se despertó con el roce del arcoíris
que dejó tu huella en el cielo de mis recuerdos,
y como luciérnagas iluminan mi oscura habitación.

Un beso tuyo es un incendio de emociones que atrapan,
hacen recorrer el manto otoñal que reverdece en tu alma,
reactiva los ríos que de mis manos se escapan,
y fertilizan cada espacio inerte de mi tierra.

Una mirada tuya descongela el iris de mis universos,
se vuelve candil luminar en las garras de la oscuridad
y palpo tu gigantesca escultura en las grutas de mis rezos,
que te llaman y me liberan de la ansiedad.

Un solo beso tuyo calcina la frialdad de mis glaciares,
reanima los signos vitales que me habían abandonado.
Tu aliento y tus besos entibian mis zonas frías
tus detalles me motivan a vivir enamorado.

Juntos

Pilar Obreque Briones
-Chile-

Inúndame de caricias
dame un baño de emociones claras
quiero vivir ignorante de prisas
quiero saciarme de palabras vanas.
No me importa que me ahogues
que me anegues de lluvias sorpresivas,
sólo quiero tenerte conmigo
lo que sea que dure la nubada.
Sé que tu espíritu es libre
se escapa entre marejadas
se acuña en constelaciones
y se regocija entre cascadas.
Aun así, envuélveme de tus hechizos
escapemos esta luna llena
para extasiarnos de gozos
entre cada desvarío del planeta.
Impúlsame sé que lograré alcanzarte
sé que tocaré tu silueta
sé que bailaré contigo allá
donde sólo se reserva a las estrellas.
Porque ambos somos luz y juntos
ayudaremos al sol en su tarea
unidos pasará inadvertida
la próxima eclosión de la tierra.

La espera
Edisson Agudelo Osorio
-Colombia-

Aquí estaré como siempre lo he estado,
como estatua de cera sin terminar bajo la
intemperie de un arte caricaturesco e irónico.
Artista del abandono qué olvidó
esculpir en la noche... obras inconclusas,
de un reproche avaro y mísero.

Desagitado... fumándome la esperanza en cigarros
de desesperanza: café de humareda gris
que se dispersa como demacrada neblina en el paladar,
sabores sin sabor... espectro disforme entre las paredes
de esta alma llena ya de telarañas y polvo.
Alma tosiendo, tuberculosis crónica en modo esperar sin llegar.
Pipa de madera consumida por el comején
de razones sin argumentos,
de un "no verte rendirse nunca".

Las canas empiezan a adornar la calvicie del prehistórico tiempo,
que atareado, ve como envejezco en tu demora:
teatro callejero de torturas, tribunas llenas,
aplausos absurdos en esta comedia llamada amor...

¿Dramaturgo del sarcasmo?

Aquí estoy apuñaleando la impaciencia que hiere
a mi afán de quebradas piernas.
Aquí estoy como siempre lo he estado...
cortando los lapsos de segundos:
colchas remendadas de años y siglos,
pellizcando tu no presencia, que me clava en el
madero de tu piel ausente, pero que atrapada estás
en el calabozo de esta mente que martillada te tiene con clavos
de acero al muro de mis apegos,
saboreando tus recuerdos larvarios que indigestan,

pero que necesito.

Cocinándote en mi fuego frio, solidificada escarcha,
que en avalancha vive del
recuerdo que ya no te recuerda, de frases que no musitan,
ni de letras que no quieren hablarte.

... Pero aquí sigo, años han pasado, ya no soy aquel jovencito
que dejaste plantado en el puerto de la adolescencia... Ahora mi
piel se ha arrugado, líneas de expresión anuncian la ruidosa
estación de la vejez, cabello de plata y una joroba
son ahora mi nueva decoración.

Y el planeta da vueltas y vueltas y en algunas existencias
te veo pasar... y solo tus
labios: frutos rojos en perfecto estado de consumo,
dejan las huellas de lo que ya nunca fue... solo la muerte podrá
divorciar esta maldita espera ja,ja, ja, ja, ja, ja,ja

¿Broma del destino?

La necesidad

del amor

José Luis García Herrera
-España-

Canto la aventura de vivir en ti; de caer en ti;
de naufragar en ti, siempre;
aturdido, embebido de tu palabra íntima, pura,
de agua ligera y cristalina. Entonces
quiero y digo: te necesito.

Me haces falta
para recomponer mis cuerdas de viejo violín,
para desterrar el miedo que traman mis poemas,
para sentir, más allá de medianoche,
como gotean las horas por el filo de un nuevo día
o ronronean los gatos tras las viejas tapias.

El amor penetra por la bóveda invisible del corazón.
El amor anuncia el sol de los milagros. El amor
revive las miradas que callan cuanto sobra,
todo aquello que la sangre conoce a flor de alma.
El amor duele en la justa medida
que el corazón precisa para bombear la vida.

Me haces falta
porque tu sombra anula los arcos de la noche,
porque en tu boca beben las aves del triunfo,
porque amparas en tus brazos mi fe de náufrago,
porque habitas los renglones
de mi hombre en el espejo
y bailas en mi pecho, sólo para mí.

Ahora siento el roce de tu cuerpo como un pétalo
que la rosa brinda al fuego de la tierra. Ahora
fluyes como lava de un secreto milenario
que abrasa mi carne con innegable certeza.
Abnegado te miro, te escucho,

te admiro y descifro
esa bocanada de aroma íntimo, puro,
de agua cristalina. Entonces
quiero y digo: necesito que me necesites.

La sombra

de las horas

Francois Villanueva Paravicino
-Perú-

«porque la noche está de ojos abiertos»
Benedetti

El arrecife de coral, al pie del abismo, era un dulce
que paladeaba la hioides, la hioglosa y el septum medio.
Podía alucinar aquel efecto de hachís como si bebiera el vino
y en mi sonrisa relampagueaba el invicto
de las tragedias del arconte.
Eran huracanes cuyo ojo yo domaba con látigos,
sentía el poder cubriéndome de crueles carcajadas y yo, ileso,
disfrutaba las ofrendas como la artemia salina de lo efímero.
Vislumbraba aquel sendero de espinas y rocas abruptas,
como la playa de Maldivas antes de ser hollada por Adán,
pese a los barrancos, la sangre derramada y las lágrimas.
Aquel destello era un torbellino de fuego, castillo de lava infinita,
yo las besaba con la pasión del amante ciego, y me sonreía
sin saber que todo se empozaba en el fondo níveo,
sin llagas ni queloides del que ha pisado el Infierno Telúrico,
ni del que ha visto los ojos llenos de furia de Medusa,
la inaccesible.
Todo se almacenaba —gota a gota— en los 365 crepúsculos,
hasta en los bisiestos de bellas sorpresas, como aguas tranquilas,
donde me sumergí y nací como Jesús al ser crucificado,
cuyos clavos, con devoción, yo coloqué en el trono áureo,
antes de abrir los ojos a la vida y, es cierto,
al amor y la destrucción.
Aquella tarde bebí la sangre propia, en una celda oscura y fría,
ahogándome en la cicatriz de dientes infinitos,
con ráfagas hirientes
de bóvedas celestes, cuya sombra amé con frenesí, tan dulce,
tan tierna, que estocaba bajo el cenit como una espada ardiente,
y entonces yo era las ascuas del fénix malherido,

deseando como el neófito el altar de su nueva iglesia,
ya destruida por el eclipse de los astros opacos,
ya en el hemisferio opuesto de las huellas de nuestros pasos.

La voz

de la brisa

Daniel Calero Solís
-Ecuador-

En ocasiones
después de trabajar
-cuando hay trabajo
en este país de involuciones-
deambulo
miro edificaciones envejecidas
me detengo
borroneo algo en una libreta
luego prosigo
admiro estatuas, jardines,
iglesias,
rostros de bellas mujeres
y sus caderas en rítmico vaivén
que hipnotizan
pero siempre pienso
en ti...,
¡lo juro!

Al llegar a casa
te beso,
renace el mundo
existo y abrazo tu talle
existo y soy feliz
pese a los traspiés de cada día.

Charlamos
tomamos un café cuyo olor se desplaza
en la sala de sencillos muebles
entre viejos óleos y esculturas
entre el cántico de tus horas tiernas.

Entonces,
beso nuevamente tus labios susurrantes
como cuando tenías quince

como cuando nos encontrábamos
a la salida de tu colegio.
Y aunque han transcurrido décadas
y aunque temas subirte a la balanza
yo siento tu querencia
tus latidos
tu atenta escucha cuando leo en voz alta mis versos.
Luego, para hacerme sentir gigante
dices: "Lo mejor del universo".
Sonreímos.
Poso mis labios en tu nuca
resbalan a tu cuello
y estallas sensualmente
te estremeces y brotan de tu boca
gemidos que hilvanan mi nombre.

Por la ventana
se desliza la voz de la brisa juguetona y saltarina,
viene estremeciendo copas
y como siempre, arrebatando sombreros y bufandas.

Las horas

Edinson Castellanos Felipe
-Perú-

Que me muera de amor
o que me viva de tus besos,
pero que no me falte
la suave ondulación
de tu voraz apetito de quererme.

Cuando me vienes,
desocupo mi memoria para tenerte,
es que no sé vivir
si no es con tus recuerdos
que me gastan lentamente
como los recuerdos en la memoria del viejo día
para morirse.

A esta hora también,
mientras me briznas los pensamientos
con mi rara forma de encontrar tus besos,
un estremecimiento amargo de animal herido,
me sobrecoge con su rabia,
qué manera de quererte cuando no estás conmigo.

Mientras me dirijo al trabajo o vuelvo,
te pienso toda la duración de los viajes.
Qué ausencia de ti,
hasta en el asiento que va vacío con tu presencia.
Hay que dejar de quererte, aunque sea por un rato:
cuando soporte la comida, incluso
cuando beba para olvidarte,
o al menos cuando le hable de ti al viento,
para que mezcle mis palabras y
las enrede en algún árbol,
quizás algún ave juegue con ellas
a ovillar mis palabras en tus oídos.

Haces falta para quererte,
como hacen falta los muertos de bandera a su patria,

como el llanto de los niños para el corazón humano.
Si esta noche decepciono a los gusanos,
que viva de amor y que me muera por tus besos.
Qué larga se hacen estas noches,
cuando no estás conmigo, amor mío.

Las reliquias

de mi amor
Kiester Rodríguez Orellano
-Colombia-

Te regalo mi corazón herido,
mi ilusión y mi grito,
en silencioso estruendo.

No es nuestro aniversario,
es esta una historia
de amor cualquiera.

Mientras mi alma
empaca mi corazón
que se desangra sin razón
junto a mis verdades,
que mentiras son
pido a Dios la piedad,
no me olvides Señor.

Te regalo mi amor y los
recuerdos que no existieron;
reliquias de este amor.

Luz
en mi jardín
René Coz
-Guatemala-

¡Oh!, manto interestelar, estrellado de inspiración,
dejaste caer una estrella fugaz en mi jardín
aquella bella estrella fugitiva explotó al fin,
dejó polvos espaciales de amor en mi corazón.

Con los pedazos que quedaron germinó una flor
desde ese entonces fue un jardín galáctico,
llevé mi corazón en aquel lugar hermético
ahí reinaba la inspiración cósmica y el amor.

Contemplé todas las hermosas flores,
vi una en especial una bella rosa,
era una bella flor esplendorosa,
al lado de ella, un ramillete de tulipanes.

Aquel bello jardín galáctico parecía el averno,
era ardiente como los labios de una bella mujer,
la emoción y la inspiración explotó en mi ser,
era una mujer hechizada en un jardín de encanto.

En la noche el viento no dejaba de soplar,
mis ojos vieron lo más hermoso
de la creación de éste mundo,
una mujer con una sonrisa en su dulce mirar.

Danzaba hermosamente bajo la luz de la luna llena,
era una hermosa hada de amor, con su místico canto
la bella hada les cantaba a las estrellas del universo,
con su mágica voz deleitaba el oído a cualquiera.

La luna y la mujer misteriosa,
era la misma luz que brillaba en mis ojos,
se deslizó una estrella fugaz en el cosmos,
nació en mi jardín una rosa.

Tu sonrisa cual rayo del sol se adentró en mi jardín,
¡eres el dulce rocío que refrescó mi ser!,
en mi corazón nació un bello amanecer,
cuando me sonreíste llegaste a vivir en mí, al fin.

Si fuera poeta tú serías mi bella musa,
si fuera jardinero te cuidaría cada día,
al ver tus ojos nació en mí una fantasía,
si te escribiera un poema estarías confusa.

Tu sonrisa en mi jardín floreció,
este jardín es un templo sagrado,
mi corazón de ti está enamorado,
mi corazón quiere estar completo.

Perdí la razón cuando vi tu solemne belleza,
quiero ver radiar tu bella sonrisa en mi jardín,
no porque, ¡eres una bella flor, sino porqué al fin!,
me inspiraste a escribir un majestuoso poema.

Tu hermosa sonrisa es la entrada
al templo sagrado de tu dulce corazón,
existe en tu piel una bella constelación,
brilla en tus ojos la luna plateada.

Mañana

Fernando Cruz Santiago
-México-

Nos queda la esperanza
dice el preso
el condenado
el perseguido
el desahuciado
el enfermo.
Construyen la esperanza
los niños jugando
un perro aullando a la luna
las aves en vuelo o cantando
la lluvia en el campo
las luciérnagas al escampar el aguacero.
Encuentro la esperanza
en tus manos que trabajan por el futuro
la ternura con que cuidas la verdad
tu risa sin miedo
tus sueños por lo justo
alzando la voz
tu insistencia en el amor
sin recato ni recelo.

Mar

Valentín Almanza
-México-

Y de repente te encuentro
cuando cierro los ojos
imagino tu boca
haciendo un ritmo lento
imitando el movimiento de las olas
dejando un suspiro tenue
como brisa oceánica.

Tú saliva
es mar salado
donde mi lengua nada
entre los peces de colores
que salen de tu voz.
Cuando abro los ojos
te miro de frente como sirena varada
en esta isla de cemento
y me siento como marinero sin barco,
anclado a tus deseos.
Pues deseo ser un rayo de luz
que recorra tu piel
que inunde tu piel
que se quede en tu piel
Hasta que el último barco encuentre puerto
hasta que el último mar se seque.

Y aquí me encuentro
perdido en el mar de tus ojos.

Mi amor
estuvo en la cajuela

Gabriela Podestá
-Perú-

Mi amor estuvo en la cajuela
era sujeto directo en mi predicado
carta sin letras
y se cayó mientras amanecía.
Mi amor estuvo en la cajuela
y decidió ser geoglifo
una vela
paradero
rezo para desconocidos.

Con desnudez me arrojo al mundo
encierro todas las voces
y trato de ser playa
para que te quedes
en silencio
o como blanco en mis cabellos
trato de ser espuma
oleaje de tu barca.

Porque te vi
como eco inmenso
como pájaro que se entrega a la luz
crecer sólo en tu sonrisa
desaparecer.

Y te comparé al fuego
siempre, siempre
vivo.

¿En qué momento pasó la ciudad a ser patio de recreo?
Renglones baldíos.
Divagar, como el ir y venir del cuerpo.
Llegada la edad ¿seremos héroes?,

¿pero ser héroes no es batalla perdida?,
¿signo de ambulantes?
Junto a campanas te busqué,
y lloré entre fósiles y lo perdido
te busqué entre la luna primate.

Devuélveme lo que son los sueños
la locura que canta en el cuerpo
ese algo que crece en el pecho
el simple gesto de la cotidianidad...

Hoy, y hace algunos días, vivías habitando el Sol.

Mi prisión
Deyanira Sanguino Mateus
-Colombia-

Ojos negros misteriosos, que al mirarme me desarman,
agitando mariposas que en mi vientre reposaban,
congeladas en el hielo de mil noches solitarias,
esperando que algún fuego se aventure a despertarlas.

Ojos negros que iluminan con luceros generosos,
las odiosas sombras tristes que a mi vida siempre embargan,
y en las noches tan eternas con nostalgias de otros mundos,
entre mudos desconsuelos mis sentidos los atrapa.

Cuando quieran tus dos lagos en los míos reflejarse,
deja al viento que me traiga en un soplo tu añoranza,
y en segundos muy eternos feliz volaré a tu lado,
con la piel de amor vestida y cargada de esperanza.

No imaginas la alegría que a mi alma entregarías,
si tu efímera mirada en mi ser se aventurara,
reflejándote en mi vida con tus brillantes colores,
inundándola inquietante con tu luz enamorada.

Si quisieras tu podrías igualar en hermosura,
a la gran luna plateada que brillante adorna el cielo,
y tan solo en un instante desbancarla de su trono,
con la luz de tus pupilas que a mis sueños los deslumbra.

Oh, queridos ojos negros, cuando un día al fin comprendas,
que a mi alma has rendido y la tienes prisionera,
conquistando para siempre el tesoro más valioso,
en un noble corazón que doblegas a tu antojo.

Esos luceros brillantes que a tu rostro lo embellecen,
a mis pies caerán rendidos embriagados de dulzura,
y con gran pasión mi vida a la tuya será unida,
en un lazo hecho de fuego de dos corazones presos.

En su infinita grandeza el universo se hará pequeño,
y albergar será imposible a estas dos almas fundidas,
entonces volaremos juntos, hasta tocar las estrellas,
con un amor de fuego puro que se confunda con ellas.

Mi ternura

Emperatriz Flores
-El Salvador-

¿Por qué? Mi ternura, té pienso tanto,
y en cada amanecer descubro un nuevo día...
-Deseo tener cerca tú amor-...
Aunque sea cómo un granito de mostaza...
Mi amor es puro y gratuito cómo mi alma
sin interés ni condición...
Seré la pregonera de mí ternura qué robará todo su esplendor
que ilumina mí corazón...
Cada caminar que doy eres el que me acompaña mi respirar;
tú serás mí ternura qué late dentro de mí...
Seré esa enamorada por ti, pero no me importa, sabes ¿porque?
nuestro amor estaba escrito en nuestro destino...
Y yo siempre lo sabía... sí sabía que eras mi esencia
de mí néctar perfumado...
Cuando pase el tiempo estará tatuado
en mí en cada pensamiento,
porque te llevo cargado en mí alma...
Aunque me heriste y lastimaste mí tierno Corazón;
pero el siempre late por ti...
Quiero abrazarte tan fuerte para jamás nunca olvidar tus latidos,
tu mirada y robar cada suspirar que estremece todo mi cuerpo...
Ahora estoy en la distancia solamente mi ternura.
Me acompaña, en espera que algún día, vuelvas a mis brazos...
Te amere por siempre y para siempre junto con mi ternura...
Jamás sentirá dolor ni tristeza;
ni quedaran cicatrices en las heridas qué causó tú amor...
-Lo que quiero es quedarme en tu corazón-...

Mi tiempo
en tus manos

Viviana Sampedro
-Argentina-

Y otra tormenta más...
bajo la lluvia,
temprano,
me alejo de la ciudad.
Callada,
me dejo llevar.
Mientras el auto se desplaza,
hundido en un río
de champagne,
mientras el reloj marca las nueve,
mientras el conductor se detiene
en un semáforo anclado en rojo.
Siento tu mano avanzar
entre mis botones
sin intentar detener,
la mañana de un lunes
que se despierta
bajo mi ropaje.
La lluvia me maquilla con rubor.
Voluptuosa,
transito sobre ruedas.
Yo solo sé que son las nueve,
que hay alerta meteorológica
y que tu mano
alcanza a detener mi tiempo.

Mirarnos
Maximiliano Luis Cuatrín.
-Argentina-

Me miras
con tus ojos dulces de miel, amor.
Me miras sólo a mí,
de la forma que lo hacen los amantes,
en las noches
cuando las manos buscan el puerto
y tocan los barcos de papel
a punto de zarpar.
Te miro
con mis ojos cálidos, amor.
Te sólo a ti,
tu cuerpo bañado de colores,
desnudo entre sábanas y jazmines.
Nos miramos
con los brazos enredados en amor,
entre horas contadas
y amaneceres infinitos.
Sí,
amarnos es posar la mirada en el otro,
conteniendo el aliento para avanzar
para que nuestros cuerpos,
almas,
existencias,
se besen.
Amar(nos),
es esperar que el mar
bañe nuestros ojos desnudos.

Poc de fang

Raoul Morales-Márquez
-México-

Todavía con tan sencillo coqueteo
vuelves a reírte conmigo en desparpajo
esta es la fruta verdadera
del otoño
tú
el resplandor violeta
de mis ojos tardes
eres
la última de mis auroras
el inicio del ruido
tú
la profunda del mar
la mitad de mi viento
la tempestad
desde aquí te veo
desde hace ya tanto,
macabra será
la hora en que te vayas
ah!
nada habrá sido en vano
después de esto que llamamos amor.

Promete

Jean C. Quirós
-Venezuela-

Promete que conservarás todo lo que amo de ti
como tu distancia por las mañanas
y tú seriedad al tomar el té
la fuerza insurgente de tu mirada
los besos otorgados al anochecer
las palabras perfectamente pronunciadas
tus versos musitando a Moliere
tus dedos paseando sobre la espalda
el amor en tus yemas esparciéndose
tus risas plenas en galaxias
la felicidad imposible de contener
tus caricias nuevamente rehabilitadas
tu cuerpo retratado contra la pared
tus lunares, estrellas enamoradas
del blanco firmamento de tu piel
la lejanía que siempre te acompaña
tus historias calladas con sabor a ayer
tu perfección tan despeinada
mientras se demora el amanecer
tu sonrisa a media asta
que erosiona lo que pudiera pretender.
Promete que me dibujarás en la nada
para contarme lo que me has de prometer
y lo reservarás firmemente callada
aunque desde hoy, todo sea para él.

Quédate así

Miriam Lara López
-México-

Quédate guapo de talla
y esculpido de buenos modales,
porque es así como me embonas
perfecto en el amor
al ser ligero de alcances
con tu bienestar de hombre
al coronarme de savia
envuelta sobre tu capa de héroe,
y en donde logras
que me sienta indefensa
cuando debiera ser fuerte.

Quédate con la idea negra
de que no hay nada ni nadie
si te quiero apagado
para después prenderte los ojos
y me observes rubia de propósitos
con un sol en mi pecho naciente
esperándote pegadito de llama
con la convicción de la noche
de serle fiel a su madrugada
en una consecuencia con falda.

Quédate junto a mí
para abrazar un febrero iluminado
sobre nuestros perfiles palomos
más arriba de una nube
sin la nata de la luna
entre luces de triunfo
que aparecen a cada rato
sin un futuro de muerte.

¡Quédate así!,
¡así, quédate!

Quiéreme

Mary Ely Marrero-Pérez
-Puerto Rico-

Visualízame en tus manos sin telas de colores,
pura piel en tu piel.
Hazme escurrir entre tus dedos.
Dame palabras al aire sin temores,
preciosas promesas que intiman
como dos puntos negros que se superponen.
Sentirás que sientes.

Hazme tierra mojada,
expulsa tus silencios,
hazme recorrer tus manchas,
expulsa la lengua que te borraron.
Trázate una sonrisa con mi caricia.
Sentirás que sientes.

Simple, es muy simple.
No te bifurques.
Nos comeremos los dedos.
Posarás tu índice en mis labios,
lo lameré y degustaré con mis dientes afilados,
y me regalarás un gemido de pasión voluta.
Sentirás que sientes.

Hazte amado en mí, que soy de verso y carne.
Dime lo simple: que me quieres escurrida,
que en mi boca eres más libre,
que me sueñas desnuda.
Sentirás que sientes.
Clávate mis pupilas que te tragan
en cada contienda amorosa
y dime que saboreas tu placer por mí,
que soy fértil, rica, pululante.
Pídeme que te susurre una idea, cualquiera,
porque quieres mi respirar cerca de la nuca.

Sentirás que sientes.

Soy en mi cuerpo una mujer que contigo
escapa de fronteras movedizas de miedo.
Quiero ser tu bocado de pecado,
tu constante cuerpo de memoria,
tu deseada carne sublime,
tu alcoba de íntima lectura a media luz,
ese espacio en que eres simple,
en que por fin sientes que algo sientes.

Respuesta

Vanessa Montiel
-México-

Cariño mío, ¿por qué te quiero tanto?
No tengo una idea clara de eso, sólo lo sé, sólo lo siento.
Te quiero, te amo, te adoro.
Mi corazón se agita, pero se siente seguro pensando en ti y al
amor que te tengo.
Aun así, no entiende, como de costumbre o qué sé yo,
ayúdame a descifrarlo.
¿Por qué en tan poco tiempo te convertiste en la llama
de la vela que prendo al
dormir, en la luz que ilumina mis sueños?
¿Cómo llegaste a mí?, ¿Cómo llegué a ti?,
¿Por qué tardamos en encontrarnos?
No sé, pero no me molesta no saberlo, al contrario, me asusta,
no sé qué tan malo pueda ser.
El hecho de que mi corazón me haya dominado
como un león cuando un ciervo le besa.
Pero no importa, no me había sentido así en meses
o probablemente sí, pero ahora lo aprecio más que nunca.
Siénteme, abrázame, bésame y adórame
y sólo así, entenderás que real es mi latir
y las cosas que dudaba, se desvanecerán
porque nada importa ya, si eres tú
el que abraza mis dudas
el que besa mis miedos
y el que adora mi espíritu.

Retorno a tu recuerdo
Magda Angélica
-Colombia-

Y hoy, particularmente te siento cerca,
no sé por qué esta terquedad del olvido:
anoche viniste a posarte en mis sueños
para un nuevo intento de volver a amarnos
y que esta vez nuestro amor florezca,
pero no deja de ser un alto sueño
espigado en la punta de una montaña.
Insistes en congelar aquel suspiro,
ese instante en que la paz me envolvía entre tus brazos,
mientras la canción de Journey,
"Open Arms", sonaba de fondo
y nuestro espacio iluminaba...
te aprieto con mi mente
en un inevitable acto involuntario,
y ese recuerdo no marchita.

¿Por qué reapareciste?
(infame sueño, fue del inconsciente su señuelo
que hizo reverberar los recuerdos).
¿Por qué llegaste a embargar mi paz, si estaba en su lecho
refulgente?
¿Será por ese agrio cielo de mi soledad
que hoy fatiga mi alma?

Llegaste a desordenar mis versos
que ya habían dejado de amarrarse a las palabras de amor.

¿Por qué vienes a embargar mi paz otra vez?...
tu recuerdo que hasta ayer era pálido y humilde
se ha convertido en un Coloso de Rodas
sosteniendo sus enormes pies sobre mi mente.

Y mi corazón ahora se sienta en una roca
a derramar su sangre por las venas de las palabras.

Y ya no soporto verte dentro de mí,
no soporto no tenerte,
oscilas entre versos y recuerdos,
y como no puedo tenerte ni tocarte
me conformo con escribirte
porque es la única forma
que se ciñe a lo más cercano
de poder acariciarte.

Romance
del rey Salomón
y la reina de Saba

José Luis Najenson
-Argentina/Israel-

De día, la Reina brilla
como el cobre en las espadas,
de noche se vuelve sombra
entre las sombras hurtada.
El Rey la busca, sereno
sin prisa, pero sin pausa,
como la noche anterior
como las noches que pasan,
porque la Reina es la noche
y como la noche aguarda.

No es sólo su piel, el roce
de su nocturna mirada,
la oscuridad de su vientre,
la negra luz de sus nalgas,
el rocío de su cuello
o su voz, grave y alada,
sino el encanto que ronda
la magia de su palabra,
una sapiencia profunda
que trae en su sangre brava.

El Rey la mira, admirado
la escucha, aun si calla,
espera por sus preguntas
que son como perlas raras,
ofrendas de medianoche
manjares de madrugada.
Y cuando el Rey le responde
con su magnífica calma,
brilla en sus ojos el fuego

de las panteras de Saba.

No hay amor como el amor
que en el ingenio se ampara,
la inteligencia es un sexo
que en el sexo se derrama.
Cuando ella partió, por fin
a su tierra, tan lejana,
el Rey extrañó esas noches
de pasión y adivinanzas.
Siempre soñó el Rey con ella,
y que ella con él soñaba.

San Valentín
en pandemia

Luis Carlos Bañol Muñoz
-Colombia-

Se besaban el uno al otro,
no hubo regalo, aquel está desempleado
sentados en el parque con un silencio devoto
arruga ella un papel, consuela al estimado.

Sus tapabocas situados en el mentón
sudan, sus músculos se retraen,
ella mueve su pierna de arriba abajo en el sillón
él piensa en si todavía se atraen.

Suena un celular
el cerebro de ambos comienza a generar toxinas
dejó de sonar
era el de él, quizá una amante. Quizá una de sus amigas.

¿Acaso importa después de tanto tiempo?
Importa y no importa
seguramente pronto llegará el momento
de partir absorta.

Susurros, intentos, abrazos, películas viejas, palabras bonitas,
sueños, esperanzas, mucha poesía
de pronto una rosa y unas lagrimitas
invita a un lamento renovador; para el amor una membresía.

Se está acabando el día
espera poder mañana tener una entrevista
sabe que tiene simpatía
ella no le quita ni los pasos ni la vista
él y ella, él y ella, él y ella.
él y ella, y, sin embargo...
antes un sol, hoy una estrella
mañana menos, más un letargo.

Cae la noche, ya se han separado
pero están en su piel, huelen al otro
si hay esperanza, todo es apropiado
salir con el sol radiante, como un devoto.

Llega, se sienta, se ha comido el sanduche que ella le preparó
hace rato ya que viven juntos, pero por algo la chispa renació
y de la nada ha vuelto, porque él nunca lo propició
sale. Piensa no pensar en ello hasta no saber que el proceso
concluyó.

Como de la nada es todo, a aprovechar la casualidad,
concentrarse en ordenarlo todo
para merecer su sentido, su fuerza y su verdad
que es lo que importará; el logro.

La vida es un teatro donde no hay libreto
cada segundo es tan disfrutable y tan trágicamente perdido
que al caer el telón y entrar el frio viento
nuestras vidas como sombras siguen lanzando su aullido.

Aúlla, que cualquier muerto quisiera poder aullar por ti,
revuélcate en el fango del dolor y disfrútalo
mañana es otro día y poder respirar es la posibilidad en sí
de refundar las fechas y el contrato.

Será

Daniel Frini
-Argentina-

Será que antes de ayer nos despertamos vándalos
y rompimos abrazos, como quien va
y rompe vidrios.
Será que ayer nos despertamos cuerdos
y sopesamos opciones como quien malabarea
por monedas
en semáforos que andan proponiendo destinos.
Será que hoy nos despertamos ángeles
y andamos emparchando empachos,
y volviste a elegirme,
y te elegí de nuevo.
Y te ando proponiendo casamiento
en lugares tan románticos
como la góndola de los embutidos,
y me andás contestando paraqués,
si está bien así.
Será como decís.
Pero me encanta habértelo pedido.

Serendipia

Priscila Alcívar
-Ecuador-

Agua y fuego convergieron
se encontraron sin buscarlo...

Las aguas se agitaron, hirvieron;
y al contrario de lo usual,
ella no se evaporó y el fuego
no se extinguió.

Juntos produjeron mareas,
bailaron junto a ciclones;
y a su paso por la tierra
hicieron alguna que otra erupción
realizando al encontrarse en ella
continua trasformación.

Agua y fuego ¡quién diría!
siendo increíblemente distintos,
combinaron destacadas diferencias
logrando una increíble armonía;
ella conteniendo a aquel fuego
y él manteniendo la chispa.

Soneto
de mujer y lluvia

Darío Oliva
-Argentina-

En la arena sutil de los chañares
en los muros que mueren desteñidos
mi corazón en coplas y cantares
como una flor volcará sus latidos.
Urbano J. Núñez

La lluvia verterá su llanto frío
en mi boca de sombra amanecida,
dará al silencio voz y piel de río
y besará tu pie de rosa herida.

Confundirá los muros desleídos
con la tinta en mi rostro envejecido,
por buscar en las calles tus latidos,
tus pisadas de canto anochecido.

Vendrá con coplas a sembrar los tilos,
a perfumar mi insomne, oscuro oído,
y a esperar a que tu paso corte hilos
de su brazo de alfiler ya caído...

Poesía de mujer, papel desnudo,
te protege la lluvia, ella es tu escudo.

Te quiero
Keko Menta
-España-

¿Como?
¿Que cómo te quiero?
Te quiero como se quieren las cosas sencillas
despacio y sin atropellos, pero continuamente
te quiero como se miran las estrellas
con los ojos muy abiertos y la boca grande
como se quieren los niños
con el corazón abierto y los ojos llorosos
como se aman las hojas caídas del otoño
te quiero con los pulmones llenos
como al aire que respiro
con el alma en las manos y mi ser a tus pies.
Te quiero con toda la loca cordura que me cabe en la cabeza
con el frío cálculo del hombre sabio
con el saltar inquieto del niño imberbe
con el calor ardiente del joven muchacho
con el corazón roto del pobre hombre fuerte.
Te quiero como el agua a la tierra seca y el marino a su mar
como quieren las gentes nobles que sólo saben amar
como quieren los animales, sin razones ni excusas
con palabras o sin ellas, con silencio y entre ruidos
en el cielo y en la tierra, con tus hijos, con los míos
con la gente, con la soledad y en el vacío
con todo lo que soy y con todo lo que he sido
con todo tu corazón y lo que resta del mío
así hoy, te quiero.

¿Cuanto?
¿Qué cuánto te quiero?
No puedo decirte cuanto, ¿pero, cómo se mide el cielo?
¿Cómo se mide el camino de una vida, o el cantar de un jilguero?
¿Cómo se mide el mar, o este vasto universo
los colores del mundo, el aire que respiramos
o el que cabe en un cesto

la distancia hasta las estrellas, o la luz de tus pupilas
la risa de un niño o mis tardes de infancia?
¿Cómo se mide el orgullo en los ojos de un padre
la alegría de una vida, la tristeza de una pena
la amistad de un amigo o la ironía de un necio?
¿Cómo se mide el hambre por tu cuerpo
la pasión en las venas, el contacto perfecto
un beso en la distancia o un adiós en el tiempo?
¿Cómo se mide el cariño por tu hogar a lo lejos?
Como saber cuánto, si medir es imperfecto...,
suma todo y aún no podrás ni imaginar cuanto te quiero.

¿Cómo?
¿Que cómo te quiero?
Te quiero como se quieren las cosas sencillas
despacio y sin atropellos...

Te voy a contar...

Ana Viviana Romero
-Uruguay-

De él; no hubo la flor,
ni la canción,
ni poemas de amor.
No hubo el sueño perfecto,
ni el momento cautivador.
Te voy a contar lo que sí hubo...

Al despertar hubo la sonrisa desplegada
al sentir que él por ella suspiraba.
La carcajada al notar como reía
no era como la brisa,
era tempestad en poesías.
Reía como una loca en mil caricias,
reía porque él la veía cada día.

Compartir el aire,
el frío.
Una mano apretando la mano que suspira.
Sentir que cada minuto,
no es minuto, ni tiempo,
ni nada que va corriendo.
Es sólo saber que, de él,
tendrá la eternidad en un beso.

De él...
no hubo promesas inciertas.
No hubo el acto de Romeo y Julieta,
no hubo la mirada que encuentra.

Te voy a contar lo que sí hubo...
Un quizás, quizás,
que atrapaba desde lejos.

La sensación de saber que ella
le pertenece a su piel, a sus huesos.

Hubo el encuentro después,
no esperado, sí planeado...
Hubo lo que ni con mil palabras,
ni con mil poemas,
ni con mil canciones.
Hubo amor entre dos corazones.

De él...
El abrazo más fuerte.
De ella las ganas de ser abrazada.
Hubo lo que ya no te podré contar.
Te lo contaría...
pero alguien me espera,
y quizás... quizás sea él.

Telaraña

Nadica Karakoleva
-Macedonia-

Tejo los hilos uno a uno,
el sol muere detrás de las montañas,
las hojas caen y el suelo las absorbe.
El hombre se duerme y sobre la ciudad
se escuchan las estrellas del cielo.

Tejo los hilos uno a uno,
la música en la ciudad está en silencio,
el sueño cae como nieve invisible,
las calles están descansando,
y las aguas brotan pacíficamente.

Tejo los hilos uno a uno.
Lo puse a dormir.
Me duermo, me duermo amor y
sólo yo permanezco despierto.

El amanecer se despierta y
el sol sale detrás de las montañas,
las hojas se regeneran,
el hombre se levanta y sobre la ciudad
el cielo parece azul.

Tejo los hilos uno por uno.
La música se hace más fuerte
el sueño se convierte en sueño,
el silencio se pierde de las calles,
y las aguas susurran violentamente.

Tejo los hilos uno a uno.
Lo despierto.
Me duermo.
Despierto el amor,
y todavía lo hago.
Teje una telaraña.

Tenorio

José Manuel Valdez
-Argentina-

Me dices que no es cierto.
Que hablo con premura.
Y dices que mi diálogo no es solo más que versos.

Me dices que no es cierto y me llamas Tenorio
Que a éstos como yo solamente descartas
como a buitres infames a los que no dejas paso
y tu corazón a ellos lo mantienes cerrado.

Me asumes indigno,
vulgar,
arrebatado,
y piensas que no tengo la menor alcurnia.

Rechazas cualquier fuego que pudiera amarrarnos
aniquilas el vuelo de mi espada y bifurcas tu escudo
para batallar heridas que yo no te he causado.

Me dices que mis ojos fétidos de farsa
jamás reflejarán más que innoble falacia.

Lamento que mi fuego hostigado te haya.
El asedio confunde a veces y aparece
agobio de un Cyrano desairado.

Me dices que no es cierto, que miento, que blasfemo.
Y al fin... desestimado
acudo a este soldado en blanco
a mi pozo de tinta, a los trazos que valen
a las rimas, que animan.
Me dices que no es cierto.

Tras tu adiós

José F. López Alcaraz
-España-

Al alba mi sola tarea era proteger el halo de tu sueño,
observando cómo tus manos como garras,
buscaban en las sábanas blancura protectora
contra los malos augurios de la gente herida,
tu más bella forma de aferrarte a mí, el elegido,
hasta que conseguías juntos elevarnos
sobre esta algarabía de extrañas emociones.
Cuando abrías los ojos estaba ahí,
atento a descifrar en tu mirada
lo que no podías contar.

Durante el día tu alegría inundaba mis tiempos de alma seca,
cuando abrazaba cómo eras
compartiendo mis tristezas,
pues trepabas por mis sueños vigilante,
volando en mi aire y aliviando mi pena.
Y al atardecer seguías siendo la pared cálida
que atraía a los insectos rezagados
a ver morir el sol tras la chimeneas esbeltas e insultantes
de la vecindad competitiva,
ahí donde se recostaba mi espalda
antes de refugiarme en el hogar.

Y al caer la noche uno frente a otro
ideando simetrías de fantasía,
porque diferente era nuestro reflejo cada día,
construyéndonos ajenos al pasado,
absortos en la utopía de atrapar el tiempo
que celoso en nuestra piel marchitando transcurría.

Y cuando tras tu marcha me aferré a tu memoria
nuestro hogar recordaba tu sinuoso deambular,
la mesa reflejaba mi soledad en sus estrías,
la silla chirriaba al sentarme sin tu queja,

el grifo goteaba como siempre esperando en vano que lo
ahorcaras,
mientras tus llaves seguían colgando huérfanas.
Entonces engañándome sorbía el café humeante espejo de
esperanza,
esperando como cada mañana
que sonara el timbre de la puerta.

Trémulo

Karla María Arce
-Panamá-

Lentamente
el deseo va cobrando vida
enmudeciendo a la noche
única testigo del encuentro.

El brillo infinito de las pupilas
la electricidad de la piel al tacto
respiración entrecortada
almas abrazadas.

No hay necesidad de palabras
el erotismo de la mirada basta.
Un momento encantado
un encuentro sagrado.

La pasión penetra
cual espada afilada.
Traspasa memorias
burla conciencias
mientras vuelan las horas.

Tus manos cálidas acarician mis penas.
Arrullas la fragilidad de mi ser.
Borras infortunios y malos días.
De raíz arrancas lo complicado de mi vida.

Atónita cuelgo del péndulo de tu mirada.
Tus palabras juguetean en mi oreja
como pequeños trapecistas.
Estoy hipnotizada.
No quiero encontrar la salida.

Se consume la pasión en un beso.
Un beso que se multiplica hasta el amanecer.
Un beso que se convierte en sentencia.
La sentencia del amor que ya no es.

Tú

César Luis Caipo Bautista
(caballero enamorado)
-Perú-

Tus ojos, perlas infinitas.
Tu boca, manjar predilecto.
Tu cuerpo, elixir divino.
¿Quién podría vivir sin ellos?

Tu alma nutre cada día mi existir,
tus manos acarician el placer eterno,
tu voz arrulla nuestros sueños,
¿quién podría vivir sin ellos?

Tu sonrisa, antorcha que ilumina mis días.
Tu cabello, larga senda de mis desvelos.
Tu manera de ser, pólvora de mis suspiros.
¿Quién podría vivir sin ellos?

Nuestros juegos intensos,
nuestros momentos etéreos,
nuestros abrazos bajo el viento,
está claro amor, yo no podría vivir sin ellos.

Tus caderas

Henry Farfán Vásquez
-Perú-

¡Ah!... tus caderas,
hoy las vi como si fuese la primera vez,
ha pasado tanto tiempo
la amnesia de lo cotidiano contagia.

Dar frutos al mundo,
inundar risas precoces con amor
otorga recompensas que se atesoran
la pasión, el desenfreno se guardan con sábanas y fundas
en un ropero junto a ropones y baberos.

La mirada felina en la sabana africana
sólo se activa al deseo insaciable de satisfacción
eso que perdimos en nuestro safari
en la aventura de ver crecer la planta
y enderezar el tallo para que llegue a lo más alto.

Ya la vida nos soltó encima,
más de cuarenta noviembres y diciembres,
al árbol fuerte le salieron piernas
salió a buscar nuevos bosques
y vuelven las miradas confusas de baile adolescente.

Te enamoro, me enamoras.
Te deseo, me deseas.
¿Dónde estuvimos?

Me aferro a tu cintura,
recorro la colina de tu espalda suave,
me siento un Adán descubriendo el paraíso,
sé que hay frutos prohibidos en ese jardín de lujuria,
mientras tus muslos tiemblan con el eco de mi aliento.

Luego, una fruición eterna en mi lugar de descanso,
en el molde exacto de mi cuerpo cansado.
¡Ah! tus caderas.

Un beso

Juan Luís Espinoza Chinchón
-Perú-

El beso que salió de tu corazón
tenía la inocencia de una flor
pura y cautivante
tus raíces necesitan mi voz
llegaste a mis labios
construiste suspiros
derramaste bendiciones en mi alma
humedeciste la sequedad de mi voz
bautizaste mis palabras
bajaste a mis pies prendiste la luz
un abrazo se torció en el destino
perdiste el canto de la libertad
te detuviste para mirarme
y nuestros ojos se miraron
se entregaron en el corazón
nació el mundo, creció la eternidad
el jardín de la mañana guarda el beso
el rocío riega su pureza su raíz
su vida nuestras vidas
el beso que me diste recorre mi mundo
no la puedo detener
un día seré el centro de tu beso
un día seré simplemente un beso.

Un perderse en mí

Fabrizio Vázquez Rubio
-México-

Estoy muy enamorado,
pero no me gustan
las fórmulas del amor,
siempre la cosa al natural.

No puedo escribirte
tanto como quisiera.
Soy torpe por querer
hacernos uno solo;
un mismo dolor,
un mismo amor.

Tienes que oír mi amor
y tocarlo hasta con su carne,
aceptando nuestra propia
soledad desesperada.

Te anhelo a chorros
y todo lo que te anhelo
es algo tan imposible.
En todos los tiempos
llevo un pedazo de tus prendas,
de tus palabras en forma de espiral.

Busqué nuestro encuentro inesperado
y ya con el encuentro dado
se congelaron tus ojos y cuerpo
apareciendo un despedirse de mí.

Guardé tu imagen,
tu esbelta sencillez,
tu pecho.
Sentí que te quería
más allá de la necesidad.

Te tengo siempre, irrevocable.

Quisiera pensar que
he andado por tu cama desnudos,
más no solo es penetrar tu cuerpo,
es también penetrar y vivir en tu amor.

Salgo a la ventana,
estoy desesperado.
¿Por qué no estás aquí?
Tengo ganas de ti;
qué antojo.

Eres cómo un vicio
de mis ojos.
Me hago mal en pedacitos.

Estoy jodido.

Vestido de bruma
Benjamín Yancy
-Puerto Rico-

Acércate despacio vestida de bruma,
totalmente empapada de dulce rocío.
Ven a darme tu amor al amanecer.

Acércate descalza oculta entre la blanca niebla
y deja que me quite el sueño de los ojos,
para poder rozarte con mis dedos antes de que desaparezcas.

Acércate de a poco tan ligera como la espuma,
con un suave susurro de cálido aliento
y deja tu ropa olvidada sobre la tibia arena.

Ven siéntate a mi lado a beber el viento
y destilemos juntos miel de las estrellas.
Amémonos muy lento en un sueño tornasol.

Acércate en silencio con una lluvia de flores.
Despójate sin prisa de tu vestido de bruma.
Envuélveme en el suave perfume de tu piel.
Toma mi mano para pasear bajo la luna...

oooOooo

La presente obra corresponde a la convocatoria realizada por Ediciones Afrodita para poetas y poetisas de habla hispana, blogueros de distintas redes sociales, e invitados especiales. 24 países participantes, 69 escritores/as seleccionados.

Ediciones Afrodita (Córdoba/Argentina) Emprendimiento literario dedicado a la difusión de obras regionales de autores emergentes, y al trabajo comunitario entre blogueros, booktubers e influencers.

www.ingramcontent.com/pod-product-compliance
Lightning Source LLC
Chambersburg PA
CBHW061333140726

47997CB00003B/967